JN090495

お金の使い方で
未来を変えよう！

1

買い物の
基本を知ろう

監修：松葉口玲子

童心社

お金の使い方で未来が変わる!

　わたしたちは毎日、さまざまなものを買って生活しています。身の回りの食べ物や服や家具や家電製品の多くは、買ってきたものですね。

　ものを買うときに必要なのがお金。わたしたち消費者は、どんなふうにお金を使うか、どんな商品を買うかを選ぶことができます。お金の使い方で、自分の生活だけでなく、わたしたちの暮らす社会も変えることができるのです。

　お金の上手な使い方を知って、世の中を、未来を変えていきましょう。

　この巻では、お金の出入りと、買い物の基本の流れを学びます。さらに深めたいポイントは、他の巻でくわしく説明しています。

この本に出てくるキャラクター

やりくりちゃん

お金のやりくりが得意な不思議な生き物。買い物の仕方やお金の使い方をみんなに教えてくれる。

ふみかちゃん

おしゃれが大好きな小学5年生。おしゃれなものを見ると、つい買いたくなってしまう。

みらいくん

あまいものが大好きな小学5年生。お菓子を買いすぎて、おこづかいは、いつもすぐになくなってしまう。

もくじ

この巻では基本の流れをあつかっています。くわしい情報は別の巻もチェックしてみましょう。

1 暮らしの中の お金の使い方

どんなことに お金がかかるの？

わたしたちは生活するためにいろいろなものを買っています。
どんなものに、どのくらいお金を使っているのでしょうか？

カレーライス1皿つくると……？

わたしたちは、毎日、消費者として、さまざまな商品を購入しています。ゲームや服など、特別なものを買う以外にも、日々の生活には、たくさんのお金がかかっています。

もしあなたがカレーライスをつくることになって、スーパーに材料を買いに行くとすると、いくらかかるでしょうか。ルー1箱（12皿）分の材料をぴったり買えたとすると、約2460円。1皿あたり200円くらいかかります。

調理するのは手間がかかりますね。もしカレーライスをレストランなどで食べると、いくらかかるでしょう。答えは、1皿あたり約750円。

こうやって、食料費は、2人以上の家族で、毎月、平均7万7千円以上かかっています。

カレーライスの材料費（12皿分）

●カレールー	1箱	229円
●にんじん	200g	82円
●たまねぎ	800g	314円
●じゃがいも	450g	190円
●豚バラ肉（黒豚以外の国産）	500g	1255円
●米（コシヒカリ以外の国産）	6合（900g）	374円
●サラダ油（キャノーラ油）	大さじ2	13円

合計：2457円 ➡ 1皿あたり　205円

カレーライス（外食）の値段

1皿あたり	749円

総務省「小売物価統計調査・動向編」（2022年平均、東京都区部）より算出。
2人以上の世帯の食料費は総務省「家計調査・家計収支編」（2022年）より。

ほかにも、調理するのに、ガス代や電気代、水道代もかかるクリ。

生活のいろいろな場面にお金がかかっている！

わたしたちは食料以外にも、衣服や家電製品、文房具、本や自転車など、さまざまなものを買っています。

電気や水道を使ったり、バスに乗ったり、病院で診察してもらったりするときもお金をはらいます。

お金をはらうことを「支出」といいます。

毎日の暮らしは、たくさんのものやサービスを買うことで成り立っているのです。

思ったよりも、いろいろお金がかかっているんだなあ！

生活するためのさまざまな支出の例

食料

食事の材料費　　外食代　　学校の給食費

交通・通信

電車の運賃　　自動車の購入費や燃料費　　携帯電話の通信料

教養・娯楽

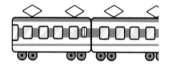

テレビの受信料　　旅行費　　習い事の月謝

教育

参考書の購入費　　塾の月謝　　大学などの授業料

光熱・水道

電気代　　ガス代　　水道代

サービスって何のこと?

お金をはらって買う商品のうち、形のないものを「サービス」といいます。

たとえば、バス会社はバスで安全に人を運ぶというサービスを、美容院は髪を切るというサービスを、お客さんに提供しています。

郵便局は、手紙や荷物を運ぶサービスを売っている。

クリーニング店は服をきれいにするサービスを売っている。

住居

アパートなどの家賃

家の修繕費

庭の手入れ費用

家具・家事用品

家具の購入費

家電製品の購入費

日用品の購入費

衣服・くつ

服や下着の購入費

くつの購入費

クリーニング代

保健・医療

薬の購入費

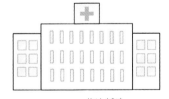

病院の受診料

眼鏡・コンタクトレンズの購入費

その他

美容院・理容院の料金

せっけん・化粧品の購入費

おこづかい

どうすればお金がもらえるの？

お金を使うには、もちろんお金が必要です。
どうやってお金を得るのでしょうか？

 ## 働いて収入を得る

お金を手に入れることを「収入」といいます。収入は、基本的に働くことによって得ます。

多くの人は、会社や役所に勤め、給料としてお金をもらっています。自分で会社やお店を経営している人や、会社に所属しないで独立して仕事をして、収入を得ている人もいます。

一生懸命に働いて、手に入れたお金だから、大事にしないといけないんだね。

働き方と収入のちがい

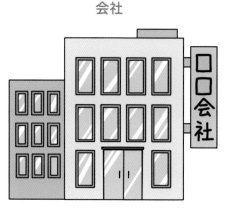

経営者（社長など） → 経営する → 会社 → お金（報酬）

会社 → 仕事ごとに契約して働く ← フリーランス
会社 → お金（報酬） → フリーランス

自分で会社やお店を経営して、売り上げの中から自分の収入を得る。人をやとっている場合は、その人たちの給料も売り上げの中から出す。

会社に所属せず、仕事ごとに契約を結んで働き、報酬を得る。毎月の収入は決まっていないが、がんばれば大きな収入を得ることもある。
※ YouTuber もフリーランスの一種だが、おもに広告によって収入を得ている。

やとわれて働く ↑　お金（給料）↓

やとわれて働く ↑　お金（給料）↓

社員

アルバイト／パート

会社に直接やとわれていて、毎月の給料（月給）の額がある程度決まっていて、ボーナスをもらえることも多い。雇用期間（やとわれる期間）が定められた契約社員もいる。

働く曜日や時間を決めて会社にやとわれている。給料は、「1時間1000円」というように、時間単位（時給）でもらうことが多い。

大人になったら、何になりたい?

生活していくためにも、人生を生きがいのあるものにするためにも、仕事は大切です。
全国の小学生は、将来どんな職業につきたいと考えているのでしょうか?

順位	男子
1	ネット配信者（YouTuber など）
2	プロサッカー選手
3	警察官
4	運転士
5	プロ野球選手
5	エンジニア・プログラマー
7	会社員
8	医師
9	その他スポーツ選手
10	研究者
10	大工・建築家

順位	女子
1	パティシエ（ケーキ屋さん）
2	保育士・幼稚園教諭
3	医師
4	漫画家・イラストレーター
5	歌手・アイドル
6	花屋さん
6	ネット配信者（YouTuber など）
8	美容師
9	看護師
9	コック・板前
11	警察官
11	獣医師
11	パン屋さん

学研教育総合研究所「小学生白書（2022年）」より

財産を活かして収入を得る人もいる

　収入を得るには、働くのが基本ですが、それ以外の方法で収入を得ている人もいます。それは、財産を増やす方法。財産には、お金のほかに、株式、土地や建物などがあります。

　お金は、銀行に預けておくと、お礼として利子（利息）がつきます。銀行に預けておくと、お金が増えるのです。

　株式は、会社がお金を集めるために発行するもの。その配当金をもらったり、株式を売り買いしてお金を得られることがあります。利益を得るために株式などを買うことを投資、それでお金を得ている人を「投資家」といいます。投資には失敗するリスクもあります。

●銀行にお金を預けると……

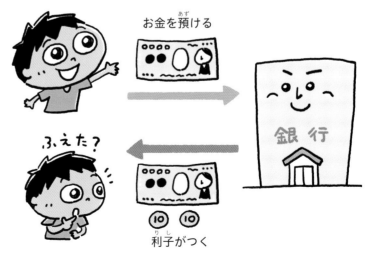

お金を預ける

ふえた？

銀　行

利子がつく

※利子の割合は時代によってちがい、最近はほとんど増えない

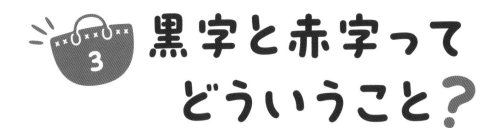

黒字と赤字ってどういうこと？

生活に必要なお金が足りなくならないようにするには、
どうすればいいのでしょうか？

支出が収入より多いと赤字！

「収入」は、働いて給料や報酬をもらったり、財産を活かしたりして、お金を手に入れること、「支出」は、お金を使うことでした。

その額は人や家庭によってちがいますが、大切なのは、収入と支出のバランスがとれていること。収入が支出より多いことを「黒字」、支出が収入より多いことを「赤字」といいます。

つまり赤字は、お金が足りなくなってしまうということ。赤字にならないよう、お金を計画的に使うことが大切です。

●収入と支出が同じ

収入　　　　　　支出

●収入が支出より多い

黒字

収入　　　　　　支出

●支出が収入より多い

赤字

収入　　　　　　支出

収入と支出のバランスが大切なのは、みんなのおこづかいでも同じだクリ！
34 ページのおこづかい帳をチェックだクリン！

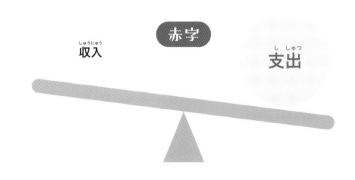

生活費以外の支出を知ろう

日々の暮らしに必要なお金は、生活費だけではありません。
どんなことに使われているのでしょうか。

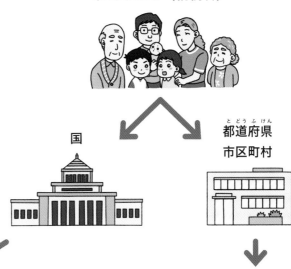

わたしたち（納税者）

国

都道府県
市区町村

税金を納める

税金は、国や地方公共団体（都道府県や市区町村など）が人々から集めるお金です。

国や地方公共団体は、税金を使ってみんなに役立つ道路や学校、警察署、消防署などをつくり、人々にさまざまなサービスを提供しています。

| 警察 | 医療 | 消防 | 介護 | 教育 | ごみ収集 | 道路整備 |

保険料をはらう

たとえば、とつぜん重い病気になると、高い治療費が必要になったり、働けなくて生活費が足りなくなったりすることがあります。保険は、多くの人がふだんからお金を出し合い、もしものときにお金を受けとるしくみです。

保険には公的なものと民間のものがあり、病気やけが、事故、火災、自然災害など、さまざまな場合に備えて、多くの種類があります。

貯金や投資をする

毎月の収入のうち残ったお金は、銀行などに預けて貯金します。

家や自動車を買うときや、子どもが進学するとき、年をとって仕事をやめたときなどには、大きなお金が必要になります。そのようなときのために、早くからお金を貯めておくのです。

最近では貯金ではなく投資をして、老後に備える方法も注目されています。

2 | 買い物で未来を変えよう

買い物によって何が変わるの？

消費者がどんな商品を選ぶかによって、世の中を変えることができます。
買い物にはどんな力があるのでしょうか？

買い物は投票！

買い物は、投票のようなものだといわれます。選挙のとき、投票する人は、立候補者たちの考えを聞いて、いいと思う人に投票します。そしてたくさん票を集めた人が当選します。

買い物では、わたしたち消費者は、たとえば、おしゃれなノートや書きやすいノート、環境にやさしいノートなどの中から、自分がいいと思うノートを選んで、購入します。

たくさん売れるノートをつくった会社は大きな利益を得ることができます。買い物は、それをつくった会社の考え方を応援することになるのです。

選ぶ力で社会を変える

もし、たくさんの人が環境にやさしい商品を買うようになれば、ノートをつくる会社（メーカー）は、その商品をどんどんつくるようになり、世の中にその商品が増えていきます。ほかの会社も、環境によい商品をつくるようになるかもしれません。すると、社会全体で、環境へのダメージを減らしていくことができるのです。

このように、消費者がどんな商品を選ぶかによって、会社や世の中を変えることができます。よく考えて商品を選ぶことは、わたしたち消費者の大切な役割です。

お客が商品を選ばないと……

商品は売れ残り、お店は商品を仕入れなくなる。

↓

その商品はなくなる

メーカーは商品をつくらなくなり、その商品は世の中からなくなる。

お客が商品を選ぶと……

商品は売れて、お店は商品をどんどん仕入れる。

↓

その商品が増える

メーカーは商品をたくさんつくり、世の中にその商品が増える。

2 人や環境にやさしい買い物って？

くわしくは
4巻を見よう

大量消費は、人や環境に大きな影響をあたえてきました。
どんな買い物が、持続可能な社会につながるのでしょうか？

大量消費が引き起こすさまざまな問題

世界は今、気候変動や森林の減少、海の汚染やごみ問題、さらには貧困や紛争など、さまざまな問題をかかえています。このままでは、この先、人類はこれまでのような暮らしを続けられなくなると考えられています。

大量消費は、たくさんの資源を使い、たくさんのごみを出します。また、大量の商品がつくられたり、運ばれたり、処分される際に発生する二酸化炭素（CO_2）は、気候変動の原因になります。

さらに、開発途上国で人々を安く働かせたり、子どもを働かせることで、わたしたちの手元に安く届いているような商品もあります。

今、人や社会、環境のことをよく考えて消費する「エシカル消費」が求められています。買い物の仕方やものの使い方を変えて、持続可能な世界をつくろうという取り組みです。

九州北部豪雨で浸水した市街地。気候変動によって、日本でもこれまでに経験したことのない大雨が各地で増え、深刻な災害がたびたび発生している。

コーヒー農園で働く子ども。コーヒーはおもに外国向けの商品としてつくられる。

エシカル消費をはじめよう

「エシカル消費」とは、人や環境にやさしい商品を、必要なだけ買い、買ったものを大事に使うことです。買い物をするときに、エコバッグを持参することも、エシカル消費につながります。

身近なところから、エシカル消費をはじめてみましょう。

※エシカル＝倫理的という意味

お菓子でも、残しちゃうときがあるなあ…。

買ったけど、気に入らなくて着ない服もあるかも…。

エシカル消費の例

食料などは、必要な量だけ買って余らせない。

必要以上に包装してもらわないようにする。

洗剤などは、つめかえできるものを選ぶ。

売り上げの一部が寄付される商品を選ぶ。

ちょこっとコラム 買い物とSDGsの関係は?

SDGs（持続可能な開発目標）は、わたしたちがこの地球でずっと住み続けていけるように、世界をよくしていこうと、国連で決められた目標です。SDGsの目標は17あります。その中には、下のように、買い物のときに気を配ることで、目標の達成に近づけるものも少なくありません。

目標1	目標2	目標12	目標14	目標15
貧困をなくそう	飢餓をゼロに	つくる責任つかう責任	海の豊かさを守ろう	陸の豊かさも守ろう
だれかが一方的に利益を得るのではなく、みんなが豊かになれるようにすること。	世界中のすべての人が、十分に栄養をとれるようにすること。	商品をつくる人も使う人も、資源やエネルギーを大切にしてむだにしないこと。	魚など、さまざまな生き物がすみ続けられるように、海の汚染を防ぎ、守ること。	さまざまな生き物が生き続けられるように、森などの陸上の環境を守ること。

もっと知りたい!!

エシカル商品をつくる 会社に話を聞いてみよう

エシカル消費の考え方は商品をつくる会社にも広がっています。
エシカル商品をつくっている会社の宮澤さんに話を聞いてみましょう。

エシカルにこだわり、品質のよい紙製品をつくる

──こちらの会社はどのような仕事をしている
のですか？

宮澤：わたしたちは、紙を加工してさまざまな製品をつくっています。卒業証書やそれを入れる紙筒、学級日誌や出席簿などの学校用品もつくっています。

──この本を読むみなさんの小学校でも使われているかもしれませんね。

宮澤：はい。そうだとうれしいですね。

学校で使う紙製品は以前から、古紙が何％入っていなくてはいけないとか、のりはさわってもアレルギーの症状が出ないものにするとか、エシカルにかかわる基準が高かったんです。わたしたちはずっとそれを守り、エシカルにこだわって製品をつくってきました。

2年前には、卒業証書の筒で初めてFSC®（環境と社会に配慮した商品についているマーク）の認証を受けました。きちんと管理された森の木材を使った紙製品だとみとめられたということです。

卒業証書や筒は、人が一生のうちに数度しかもらえないものですよね。大事に長く保管するものですから、品質のよいものにしなければいけません。不良品がひとつでもまじっていたり、ひとつでも数が足りなかったりしたら、大事な卒業式が台なしになってしまうので、わたしたちも気持ちを引きしめてつくっています。

お話を聞いた人

ミヤザワ株式会社 専務取締役
宮澤雅宏さん

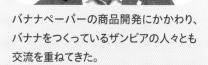
バナナペーパーの商品開発にかかわり、バナナをつくっているザンビアの人々とも交流を重ねてきた。

卒業証書を入れる紙筒。

学校で使われる学級日誌。

エンフエ村のバナナペーパー工場で働く人々。もっているのは、手すきのバナナペーパー。後ろに生えているのがバナナ。

環境と人にやさしいバナナペーパー‼

──バナナペーパーを使った卒業証書もつくっていると聞きました。バナナペーパーとはどんな紙ですか？

宮澤：バナナペーパーは、バナナのくきからつくる紙です。アフリカ南部のザンビアという国にある村で、化学的な肥料や農薬などを使わない有機農法で栽培されたバナナを使っています。

　成長するのに何十年もかかる木とはちがって、バナナは1年で大きく成長します。それに1本のくきに一度しか実が成らないので、実ができたくきはすぐに切らないといけません。その切られたくきを再利用するので、バナナペーパーは環境にやさしい、エシカルな紙なんです。

──その村は、どんなところですか？

宮澤：ザンビアの東部にあるエンフエという村で、近くには、ライオンやヒョウ、シマウマなどがすむ広大なサウス・ルアングア国立公園があります。

　この村では昔からバナナの栽培が行われてきました。バナナは栄養がありますからね。バナナのくきもたくさん捨てられていて、それを利用して紙をつくろうと立ち上がったのが、ワンプラネッ

ト・カフェ ザンビアというNPOの人たちでした。紙のつくり方も売り方も、ワンプラネット・カフェを中心にひとつひとつ教えていったんです。

──そこに参加されたのですか？

宮澤：はい。ワンプラネット・カフェが日本の製紙会社などとプロジェクトをはじめたのですが、なかなか質のよい紙をつくれなかったそうなのです。固くてでこぼこしていて、使いづらいものだったんですね。

　それで2012年に、わたしたちの会社に、声がかかったんです。越前和紙など日本に古くからある技術を使って少しずつ改良しましたが、印刷機ですれるぐらいになるまでに7、8年かかりました。

ザンビア

首都・ルサカ

エンフエ村

人を変えるバナナペーパーづくり

――いちばん苦労したのは何ですか？

宮澤：バナナペーパーにまじっている茶色の点々をできるだけ少なくすることですね。

紙というと、みなさんはまじりもののない真っ白な紙を思いうかべると思うんですが、バナナペーパーには、ところどころに茶色の繊維が入っているんです。だから「紙に異物が入っているのはどうしてなのか」と腹を立てる人もいました。

それから、バナナペーパーは、和紙のように表面が少し毛羽だってざらざらしていたので、印刷機にかけると、工業印刷機がよごれてしまったんです。「洗浄するのに3時間も4時間もかかる。こんなものは印刷できない」と苦情をいわれたこともありました。

そういうことをなくすために、改良を重ねていったんです。

――村の人たちに変化はありましたか？

宮澤：農家の人たちは、バナナの実を商品として売ることに加えて、くきも売れるようになったので、収入が安定したようです。今では機械化されて、バナナ繊維の生産性も上がりました。

10年前にわたしがエンフエ村を訪れたとき、子どもたちは、はだしでしたが、2023年に行ったときには、みんなサンダルをはいていました。

また、みんなの仕事の仕方も変わりましたね。以前は、いわれたことをやるという受け身な姿勢に見えたのですが、今は、自分たちで役割分担を考えて、責任をもって仕事をこなすようになったと思います。

――バナナペーパーの売り上げの一部を寄付しているそうですね。

宮澤：はい、バナナペーパーの売り上げの1％をザンビアの人々への支援活動に寄付しています。木を植えたり、食料保管庫をつくったりするのに役立ててもらっています。

食料保管庫というのは、虫や野生生物から食料を守るためのものです。村のすぐ近くには野生の動物たちがすんでいて、人間と動物が共存している場所なんですよね。そのどちらもが生きていけるような社会をつくらなければいけないと思っています。

バナナペーパーができるまで

①バナナを伐採する　②繊維をとり出す　③繊維を乾燥させる

④繊維を日本に運ぶ　⑤繊維にパルプを加える　⑥できあがり！

バナナのくきからとり出した繊維。乾燥させてから日本に運ばれる。

エシカル消費が会社や世界を変えていく

———バナナペーパーをつくるようになって、宮澤さん自身が変わったと思うことはありますか？

宮澤：昔から、環境への配慮や安全性のことを考えて紙製品をつくってきましたが、バナナペーパーにかかわるようになって、紙づくりで世界の人々の暮らしや動物を守ることができると気づき、とても衝撃を受けたんです。それからは、会社のあり方を見直すとともに、こういう活動をしていると世の中に発信するようになりました。

たとえばFSC®の認証を受けるには、きちんと管理された森林の木材を使うことはもちろん、そこで働いている人の人権が守られているか、給料は適正にはらわれているかなどもチェックされます。取り引きする会社で働いている人みんなの協力が必要ですから、自分たちの目指していることや考えを伝えて、理解を得るようにしました。

また紙製品をつくるときには、どうしても紙のきれはしが出てしまいます。工場ではできるだけリサイクルできる紙を使って、きれはしも廃棄物にしないように変えていきました。

リサイクル紙を使えば、それだけ木を切らなくてもすむということです。それが森や、そこにすむ生きものたちを守ることにつながるんですよね。

最近では、注文をくださる会社でも資源を大切にしたいと考える方が増えてきて、相談しながら紙製品をつくれるようになりました。

———世の中も変わってきているんですね。

宮澤：そうですね。わたしは、消費が世界を変えると思っているんですよ。

買い物をするとき、商品の背景を想像してみることが大事だと思うんです。その商品がどこで、どのようにつくられて、使い終わったあと、どのようになっていくのか。それを考えることで、選ぶ商品も変わってくるのではないでしょうか。

みんながエシカル消費をすることで会社が変わり、世の中も変わっていくということを、ぜひ知ってほしいですね。

バナナペーパーでつくられた卒業証書（右）と、保管するためのホルダー（左）。

卒業証書

小学校の全課程を修了したことを証する

令和　年　月　日

平成　年　月　日

東京児玉小学校

工場の様子。紙のむだをなくすために、リサイクル可能な紙を使って製品をつくるようになった。

3 | 買い物の流れを知ろう

買い物の前に 何をすればいいの？

実際に買い物するときの流れを知りましょう。
まずどんな準備が必要でしょうか？

買い物の手順をおさえよう！

いきなりお店で欲しいものをどんどん買ってしまったら、買い物はなかなか
うまくいきません。買い物には手順があります。その流れを見ていきましょう。

買うものを
決める

情報を
集める

商品を
確かめて選ぶ

この手順にそって
買い物すると、
失敗が少ないクリ！

お金を
支払う

商品を
使う

買い物を
ふりかえる

必要かどうか考えて、買うものを決めておく

何かを買いたいと思ったときは、「必要なもの」
と「欲しいもの」に分けて考えてみましょう。
「必要なもの」は、毎日の食事や学校で使うノー
トのように、それがないと生活していくうえで困
ってしまうもの。「欲しいもの」は、あるとうれ
しいけれど、なくても生活していけるもの。実際
に買い物に行く前に、今すぐに必要なものかどう
かよく考えて、買うものを決めておきましょう。
　今すぐに必要ではないけれど欲しいものや、お
店で見つけて欲しくなったものは、しばらく時間
をおいて、おこづかいに余裕があるときに買うと、
お金を上手に使うことができます。

必要だ！
ラインマーカー

欲しい！
いちごチョコ

欲しい！
ゲーム

必要だ！
スニーカー

買いたいものがあるときに、やってみましょう。

買う・買わない チェックシート

5 年 1 組 みらい

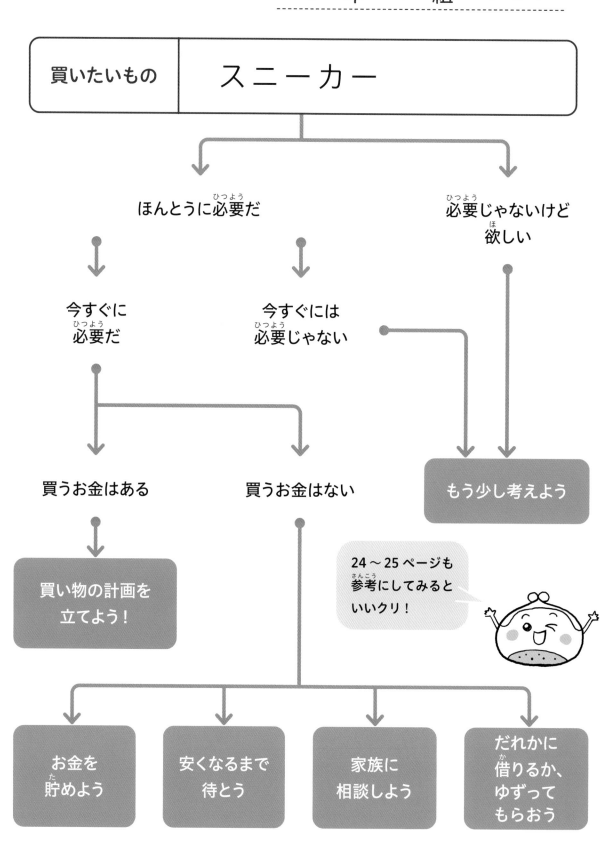

買いたいもの	スニーカー

ほんとうに必要だ

必要じゃないけど
欲しい

今すぐに
必要だ

今すぐには
必要じゃない

買うお金はある

買うお金はない

もう少し考えよう

買い物の計画を
立てよう！

24 ～ 25 ページも
参考にしてみると
いいクリ！

お金を
貯めよう

安くなるまで
待とう

家族に
相談しよう

だれかに
借りるか、
ゆずって
もらおう

買うものをメモしておく

買うものを決めたら、メモしておきましょう。数や予算、いつまでに買うかも書いておくといいでしょう。

買い物に行くときは、そのメモを忘れずにもっていくようにします。

予算は、そこまでなら使ってよいという金額だよ。予算をオーバーしないようにしよう。

みらいのメモ

買い物メモ

買うもの

スニーカー	1足

予算	3500円

いつまで	5月中

ふみかのメモ

買い物メモ

買うもの

横書きのノート	1冊

予算	150円

いつまで	今週中に買う！

調べよう
考えよう

買い物でストレス解消したくなったら？

今すぐ必要でないものを勢いで買ってしまうことを、「衝動買い」といいます。衝動買いは、心の状態と関係している場合もあります。

ストレスがたまっていたり、何か問題をかかえていたりすると、衝動買いをすることで、すっきりした気持ちになることがあるのです。でもその効果は一時的で、さらに大きなトラブルにつながる可能性もあります。

これまでに衝動買いをしたことがあったかどうかを、思い出してみましょう。もし、あったら、そのときの心の状態はどうだったか、どうすれば衝動買いをふせぐことができたかを考えてみましょう。

深呼吸してみたら落ちついたよ。

もっと知りたい！

買わない方法を考えてみよう！

必要なものを手に入れるには、買う以外にも方法があります。
どんな方法があるのか、見てみましょう。

‼ 知人にゆずってもらうか、貸してもらう

　自分の必要なものを、もしだれかがもっていて、もう使わない場合には、その人にゆずってもらう方法があります。インターネット上には、「ものをゆずりたい人」と「ものをゆずってほしい人」をつなぐサイトもあります。

　また、1度だけ、あるいは短時間だけ必要な場合は、もっている人に貸してもらうのもいい方法です。借りたものはていねいに使って、使用後はきれいにして返します。

‼ 修理して使う

　使っていたものがこわれたときは、新しいものを買わずに、修理できるものは修理して使うことができます（→36ページ）。

　自分で直したり、買ったお店に相談したり、専門の業者にお願いしたりして直します。

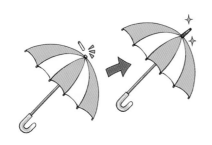

中古を買う ‼

　「買わない方法」でありませんが、新品ではなく、中古品を買うという方法もあります。中古品を買うことは、ものを長く使うことや、資源のむだづかいを減らすことにもつながります。

　中古品は、専門の販売店のほかに、みんなが不要になったものをもちよって売るフリーマーケットでも買うことができます。また、市区町村が粗大ごみとして回収した家具などを格安で販売していることもあります。

　インターネット上でも中古品の売買がありますが、必ず家の人と相談して、よく考えて購入しましょう。

レンタルサービスを利用する !!

レンタルサービスは、品物を貸し出すサービスで、比較的短期間借りる場合に使います。

利用するときは、先にお金をはらって品物を借り、決まった期限までに返さなければなりません。期限までに返さないと、その分の料金（延滞料など）をはらう必要があります。

また、借りたものはていねいに使わなければなりません。品物を返したあとにふたたび借りたいときは、新たにお金をはらいます。

また最近は、毎月いくらなど、一定の料金をはらうと、使い放題（借り放題）になるサブスクリプション（サブスク）といわれるサービスも増えています。

動画が見放題だったり、服を毎月何点か入れ替えて借りられたりします。短期間のレンタルとちがい、解約しないかぎり毎月支払わなければいけないので、契約は慎重にする必要があります。

レンタルサービスの例

音楽 CD や
映画・テレビ番組の DVD

旅先などでのレンタサイクル

冠婚葬祭や
イベント用の貸衣装

シェアリングを利用する !!

近年は、シェアリングというサービスも増えています。会員の間や個人どうしで、品物などを共有して、必要なときに使用する仕組みです。

たとえば、カーシェアやシェアサイクルでは、車や自転車をもっていなくても、必要なときだけ利用することができます。

ただし、会社が管理するのではなく、個人間で貸し借り（共有）する場合は、とくにトラブルになりやすいので、契約するときには、注意が必要です。

シェアリングの例

自動車

家具や家電製品

ほかに、駐車場、畑、イラストや音楽の提供など、さまざまなサービスがあります。

2 どうやって商品や お店の情報を集めるの？

どんな商品をどこで買うかを決めるには、情報が必要です。
どうやって情報を集めればよいでしょうか？

広告やチラシで調べる

商品をつくる会社や、売るお店は、その商品についてさまざまな情報を発信しています。

テレビのコマーシャル（CM）、新聞や雑誌の広告欄、郵便受けなどに届けられるチラシなどの形があります。

チラシは、セールのときに出ることが多いので、安く手に入れたいときにチェックすると、買うお店を選ぶのに役に立つことがあります。

チラシの例

お店の名前やセールの時期

目玉商品は大きくのっている

商品の名前や値段

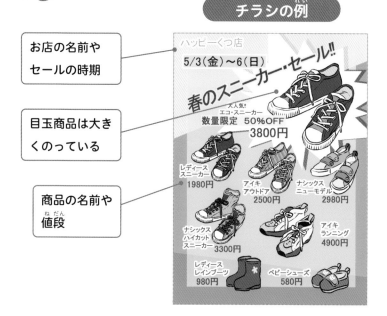

ハッピーくつ店
5/3（金）〜6（日）
春のスニーカー・セール!!
大人気 エコ・スニーカー
数量限定 50%OFF
3800円
レディーススニーカー 1980円
アイキアウトドア 2500円
ナシックスニューモデル 2980円
ナシックスハイカットスニーカー 3300円
アイキランニング 4900円
レディースレインブーツ 980円
ベビーシューズ 580円

インターネットで調べる

現在では、商品情報は、インターネット上で多く発信されています。商品をつくっている会社（メーカー）のホームページにある商品ページのほか、オンラインショッピングのサイトでも情報を見ることができます。

買った人のレビュー（感想や評価）がのっていることもあり、参考になりますが、にせの情報が書きこまれていることもあります。できるだけたくさんの情報にあたってみることが大切です。

メーカーのホームページの例

Asizuno

エコ・スニーカー
価格 7600円（税込）

● ペットボトルを再利用してつくった地球にやさしいスニーカー
● 軽くて、はきやすさバツグン
● 防水タイプ

カラー ブルー イエロー
サイズ 22.0〜28.0cm

カートに入れる

商品の写真

商品のくわしい特徴

色の展開や大きさ

商品の名前や値段

まわりの人に聞く

　友達や家族など身の回りの人で同じような
ものをもっている人がいたら、話を聞いてみ
ましょう。
　実際に使ってみた感想や、買うときにチェ
ックしたほうがよいのはどんなことか、どこ
のお店で買うとよいかなど、信頼できる貴重
な情報やアドバイスをもらえます。

 # 集めた情報をメモしておく

比較する表の例

　集めた情報はメモしておきましょう。情報
がたくさんあるときは、表などにまとめると、
比較しやすくなります。

スニーカーの比較表

	A社	B社	C社
特徴	はきやすそう	ペットボトルからつくられている	速く走れるらしい
デザイン	△	○	◎
色	赤・青	黄色・黒	オレンジ
値段	3200円	3800円	3500円

ちょこっとコラム　あやしい広告に注意!

　広告は、商品を多くの人に買っ
てもらうためにつくるもの。商品
のよいところを強調して伝えよう
とするのがふつうです。
　でも中には、商品を実際よりも
よく見せようとしたり、うその情
報をのせたりする悪質な会社もあ
ります。
　広告を見るときは、大げさな表
現に気をつけ、ほかの商品と比べ
たり、もっている人の意見を聞い
たりして、冷静に判断することが
大切です。

気をつけたい広告の例

たったの3日で必ずニキビが消える!

魔法の洗顔フォーム　今なら 8円!!

「必ず」「絶対」「すぐ」「だれでも」のような大げさな言葉が使われている。

極端な効果を表す画像が使われている。画像は加工されていることもある。

「今なら●円」など、期間限定にして、急いで買わせるようにしている。

くわしくは **2** 巻を見よう

3 どうやって商品を選べばいいの？

買うものを決めたらお店に行きましょう。
たくさんの商品の中から選ぶには、どこに注目すればよいでしょうか？

使う目的に合うか

いざお店にいくと目うつりしてしまうかもしれませんが、いつ、どのように使うかという目的に合ったものを選ぶのを忘れないようにしましょう。

学校にはいていくスニーカーを探していたのに、ブーツやサンダルを買ってしまったら目的に合いません。使う時期や目的に合った商品選びをしましょう。

品質はよいか

見た目のデザインだけでなく、使いやすいかどうか、長く使えるかどうか、手入れをしやすいかどうかなど、商品の品質や性能も確認しましょう。

商品には、さまざまな表示やマークがついています。買う前にこれらの情報をチェックします。もし、わからないことがあったら、お店の人に聞いてみましょう。

衣服の表示の例

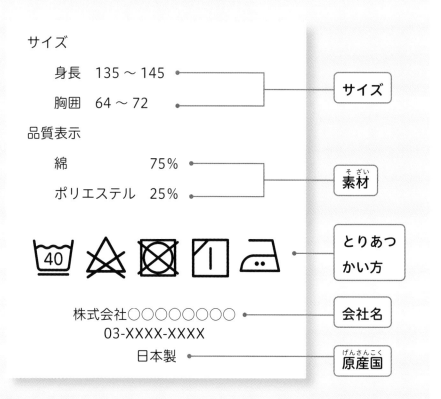

サイズ
　身長　135 ～ 145　→ サイズ
　胸囲　64 ～ 72
品質表示
　綿　　　　　　75%　→ 素材
　ポリエステル　25%
[洗濯表示マーク] → とりあつかい方
株式会社○○○○○○○○ → 会社名
03-XXXX-XXXX
日本製 → 原産国

素材や手入れの方法など、見た目ではわかりにくい情報も、タグにはきちんと表示されているクリ。忘れずにチェックするクリ！

値段は予算に合っているか

商品を選ぶときに欠かせないのが、値段のチェック。使えるお金は限られているので、なるべく安く買いたいものです。

でも、安いからといって、目的に合っていなかったり、すぐにこわれてしまったりしたら、かえってお金のむだになってしまいます。

予算の範囲で、できるだけ品質のよいもの、使いやすいものを選ぶようにしましょう。

値段に対して、質がよくて、満足度が高いものを、コストパフォーマンス（コスパ）がいいっていうんだ。買い物のとき、コストパフォーマンスを考えてみるのもいいクリ。

人や環境への影響を考えているか

安さや品質だけでなく、持続可能な社会のために、人や環境にやさしい商品を選ぶ、エシカル消費の観点も大切にしたいものです。

リサイクル素材でつくられた製品や、中身をつめかえて使える商品、こわれても修理しやすい商品を買うと、資源のむだづかいやごみを減らすことができます。

つめかえ用も別に売っているね。

シャンプー　トリートメント　シャンプー詰め替え用　トリートメント詰め替え用

消費者が買い物のときに重視していること

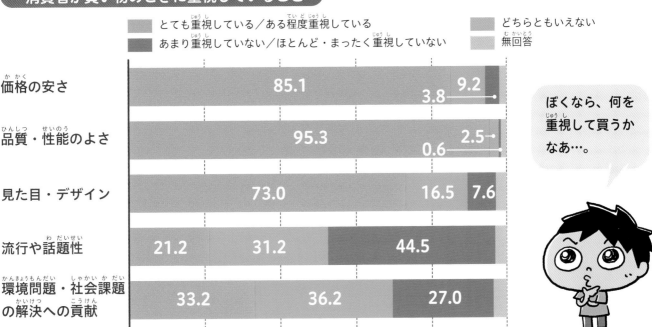

とても重視している／ある程度重視している　　どちらともいえない
あまり重視していない／ほとんど・まったく重視していない　　無回答

項目	とても重視／ある程度	どちらともいえない	あまり／ほとんど重視していない
価格の安さ	85.1	3.8	9.2
品質・性能のよさ	95.3	0.6	2.5
見た目・デザイン	73.0	16.5	7.6
流行や話題性	21.2	31.2	44.5
環境問題・社会課題の解決への貢献	33.2	36.2	27.0

0　20　40　60　80　100（%）

2021年／消費者庁「令和3年度消費者意識基本調査」より一部抜粋

ぼくなら、何を重視して買うかなあ…。

どうやってお金を はらうの？

くわしくは
3巻を見よう

商品を選んだら、いよいよお金をはらいます。
どんなことに気をつければよいのでしょうか？

 ## 買い物は買う人と売る人の契約

　買い物は、「売買契約」と呼ばれる契約の一種
です。「契約」はふつうの約束とはちがい、法律に
よって守らなければならないことになっています。
　お客さんが買いたいと伝え、お店の人が了承す
ると、売買契約が成立します。書類はいりません。
成立したら、お客さんは代金をはらわなくてはな
りませんし、お店の人は商品をわたさなければな
りません。
　また、買った人が、あとから自分の都合で商品
を返すことは基本的にできません。買い物をする
ときは、商品をよく確かめてから買うようにしま
しょう。

あ、まちがって
買っちゃった～。

売買契約が成立した
あとは、勝手に返す
ことはできないんだ
クリ～。

支払いにはいろいろな方法がある

商品の支払いをするときには、現金（キャッシュ）ではらう以外にもいろいろな方法があります。現金以外で支払うことを、「キャッシュレス決済」といい、さまざまな種類があります。

プリペイドカードは、あらかじめ決められた金額のカードを買っておいて、その金額の分だけ使えるカードです。図書カードが代表的です。

電子マネーは、交通系ICカードのように、事前にお金をチャージ（入金）しておいて、それを使って支払います。追加でチャージすることもできます。

クレジットカードは、買った分のお金をクレジットカード会社がお店にはらい、消費者は後日、カード会社に立て替えてもらった分のお金をまとめて支払う方法です。子どもは使えません。

お店によって使える支払い方法がちがうので、調べておきましょう。

「スーラ「グランド・ジャット島の日曜日の午後」」
図書カード NEXT ¥3000

図書カード　前もって買っておき、本を買うとき、購入したカードの額だけ支払いに使える。全国の書店で利用できる。

Suica

※ Suica は東日本旅客鉄道株式会社の登録商標です。

ICOCA

交通系ICカード　前もって入金しておき、そのあともくり返しチャージできる。電車やバスの運賃だけでなく、買い物の支払いに使えるお店や自動販売機も増えている。

\ちょこっと/
コラム　買い物のときに気をつけよう

お店は、さまざまな人が利用しています。買い物をするときは、ほかの人やお店の迷惑にならないように気をつけましょう。

大きな声を出してさわいだり、通路をふさいだりしない。

商品はていねいにあつかい、よごしたり、こわしたりしない。

レジでは静かに並ぶ。代金をはらう前にお店を出ない。

4 │ 買い物が終わったら

買い物のあとに気をつけることは？

買い物は買っておしまいではありません。
買い物のあとには、どんなことをすればよいのでしょうか？

レシートを確かめる

レシートは、お金をはらって商品を買ったことの証明になります。金額がまちがっていないかなど、確かめる習慣をつけておきましょう。

レシートは返品だけでなく、修理の際にも必要になることがあります。おこづかい帳への記録にも使うので、すぐに捨てないようにしましょう。

商品を確かめる

商品もパッケージから出して確認しましょう。傷がついていないか、箱などの写真や表示とちがっていないか、必ずチェックします。不都合があったときは、レシートといっしょにお店にもっていくと、交換してくれることもあります。

商品の使い方や手入れ方法が書かれた紙やタグも、よく読んでおきましょう。

レシートの例

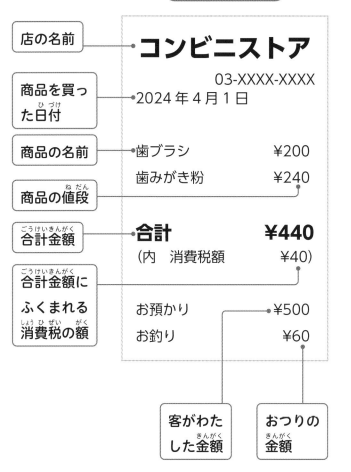

	コンビニストア
店の名前	
	03-XXXX-XXXX
商品を買った日付	2024 年 4 月 1 日
商品の名前	歯ブラシ ¥200
	歯みがき粉 ¥240
商品の値段	
合計金額	合計 ¥440
合計金額にふくまれる消費税の額	（内 消費税額 ¥40）
	お預かり ¥500
	お釣り ¥60
客がわたした金額	おつりの金額

ちょこっとコラム 消費税って何だろう？

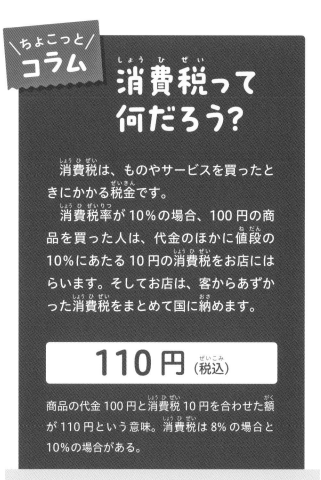

消費税は、ものやサービスを買ったときにかかる税金です。

消費税率が 10% の場合、100 円の商品を買った人は、代金のほかに値段の 10% にあたる 10 円の消費税をお店にはらいます。そしてお店は、客からあずかった消費税をまとめて国に納めます。

110 円 （税込）

商品の代金 100 円と消費税 10 円を合わせた額が 110 円という意味。消費税は 8% の場合と 10% の場合がある。

おこづかい帳って どうやって使うの？

買い物のあとにしたいのが、おこづかい帳の記録。
お金の出入りはどうやって記録したらいいのでしょうか。

お金を使ったら、すぐに書く

お金を使ったら、その日のうちにおこづかい帳に記入するようにしましょう。何日もたってしまうと、何にいくら使ったかを忘れてしまいがちだからです。お金を使ったときだけでなく、もらったときも、すぐ記入しましょう。

日付、もらった金額や使った金額、残っている金額を分けて書き、何に使ったか、だれにもらったかも書いておきます。

残ったお金がいつもわかるようにしておくと、お金を使いすぎることがなくなります。

> 買い物をするときは、残っているお金を見て予算を決めるといいクリ。

> 日付はこの欄に書く。

> だれに（どうして）もらったお金なのかや、何に使ったのかはこの欄に書く。

4月のおこづかい帳

日付	内容
	前月の残り
4／1	おこづかい
4／3	ジュース
4／6	おかし
	ノート
4／10	マンガ
4／15	お手伝い
4／17	おかし
4／20	シャーペン

貯金できたら、チョコレートを山ほど買おう！

じゃあ、わたしは「かわいい服貯金」しよう！

入ってきた金額はこの欄に書く。

使った金額はこの欄に書く。

残りの金額はこの欄に書く。

たお金	使ったお金	残りのお金
		620
800		1420
	110	1310
	99	1211
	120	1091
	520	571
60		631
	160	471
	130	341

貯金してみよう

　毎月、少しずつでいいので貯金する習慣をつけましょう。貯金があれば、少し高いものも買うことができますし、急にお金が必要になったときも、貯金からお金を出すことができます。

　おこづかいをもらったら、まず貯金する分を別にしておき、残った分を使うようにしましょう。

小学生のおこづかいの使い道

おこづかいを貯金している子は40％以上。

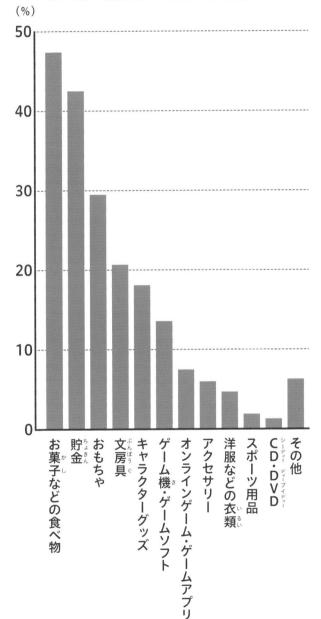

学研教育総合研究所「小学生白書（2022年）」より

ものを大事に使うってどういうこと？

くわしくは4巻を見よう

買ってきたものを、大事に長く使うには、
どんなことに気をつければよいのでしょうか？

説明を読んで正しく使う

製品には、箱や説明書、タグなどに、使用方法、注意すること、保存方法、手入れ方法などが書かれています。使いはじめる前にこれらの説明をしっかり読んで、正しく使うようにしましょう。

まちがった使い方をすると、こわれたり、事故が起こったりすることもありますが、説明どおりに手入れをすると、長もちさせることができます。

説明書で使われるマーク

注意マーク

事故が起こったり、人がけがをしたりする危険があることを示す。

禁止マーク

やってはいけないことを示す。円の中にやってはいけない行為がかかれている。

指示マーク

必ずしなければならないことが、示されている。

長く、むだなく使う

使っていたものがこわれたら、捨てる前に、修理してみましょう。服のボタンつけなど、簡単なものは自分で直すことができますし、家電製品などは専門の修理店があるので探してみましょう。製品についてくる保証書とレシートをいっしょにもっていくと、買ったお店で直してくれることもあります。

また、ノートや鉛筆、洗剤なども、むだにしないで最後まで使い切るようにしましょう。

服のボタンがとれたら、つけ直す

着られなくなった服をポーチにつくりかえる

こわれた自転車を修理してもらう

こわれたパソコンを修理してもらう

4 使い終わったら どうすればいいの？

くわしくは 4巻を見よう

使わなくなったものや、最後まで使い切ったものは
どうすればよいのでしょうか？

リユースする

　製品を、そのままの形で再使用することを、「リユース」といいます。リユースして、資源のむだや、ごみを減らしましょう。

　たとえば小さくなって着られなくなった服や赤ちゃん用のおもちゃなど、まだ使えるけれど自分では使わなくなったものは、人にゆずったり、寄付したり、中古品店で売ったりすることができます。

　また、つめかえ用を買って容器を再使用するのもリユースです。びんなど、回収後に洗われて、再使用されるような容器に入っている商品を選ぶこともできます。

リサイクルする

　ごみとして捨てられたものを資源として使えるようにすることを、「リサイクル」（再生利用）といいます。

　たとえば牛乳の紙パックは、紙をとかしたあと、トイレットペーパーやティッシュペーパーなどにつくりかえます。

　リサイクルを進めるためには、ごみは必ず分別して捨てることが大切です。また、買い物をするときは、リサイクルしやすいものや、リサイクルしてつくられたものを選ぶようにしましょう。

牛乳やジュース、サイダー、ビールなどのびんの多くは、洗って、くり返し使われている。

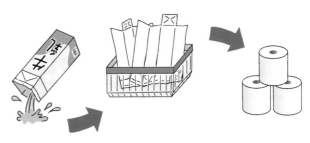

牛乳の紙パックを洗い、開いて分別収集に出すことで、別の紙製品にリサイクルされる。

調べよう
考えよう

買い物をふりかえり、次に活かそう！

　最後に、買い物をふりかえってみましょう。買い物は予算内にできましたか？　買った商品は、目的に合っていましたか？　長く使えそうですか？　実際使ってみると、思わぬ弱点に気がついたりすることもあります。もしうまくいかなくても、その失敗を覚えておいて、次に活かすことが大切です。経験を活かして、お財布にも環境にもやさしい、買い物名人を目指しましょう！

さくいん

監修 松葉口 玲子（まつばぐち れいこ）

横浜国立大学教育学部教授。専門は消費者教育、環境教育、ESD（持続可能な開発のための教育）。持続可能な社会の構築に向けた消費者教育やESD、環境教育の研究に取り組む。著書に『持続可能な社会のための消費者教育―環境・消費・ジェンダー』（近代文藝社）、『SDGs時代の教育』（学文社／共著）、監修書に『地球ときみをつなぐ SDGsのお話』『SDGsおはなし絵本 やさしくわかる１７の目標』（Gakken）など多数ある。

表紙・本文イラスト ：ふわ こういちろう
説明イラスト ：はやみ かな、伊澤栞奈（303BOOKS）
装丁・本文デザイン ：倉科明敏（T.デザイン室）
編集制作 ：常松心平、飯沼基子、古川貴恵（303BOOKS）
撮影 ：杵嶋宏樹
校正 ：鷗来堂

取材協力 ：ミヤザワ株式会社／ワンプラネット・カフェ ザンビア
画像提供 ：アフロ／西日本旅客鉄道／日本図書普及／東日本旅客鉄道／PIXTA／
　　　　　　読売新聞／ロイター

お金の使い方で未来を変えよう！
❶ 買い物の基本を知ろう

2024年3月22日　　第1刷発行

発行所　　　株式会社童心社
　　　　　　〒112-0011　東京都文京区千石4-6-6
　　　　　　電話03-5976-4181（代表）
　　　　　　　　 03-5976-4402（編集）
印刷　　　　中央精版印刷株式会社
製本　　　　株式会社難波製本